教師のためのエンカウンター入門

SGE NEXTAGE
Structured Group Encounter
Katano Chiharu
片野智治

図書文化

はじめに

　エンカウンターとは「グループ状況でのふれあい」を意味します。お互いが話していて,「意気投合した」「腹を割って話した」「胸襟を開き合った」という体験を指しています。
　構成的グループエンカウンター（Structured Group Encounter, 略称ＳＧＥ）の目的はふれあいと自他発見です。ホンネとホンネの交流をすること,それを通して互いの「違い,差異」を感じ取って,そういう違いを受け入れ合い（かけがえのなさを受容し）,認め合っていくことを目的としています。
　「構成的」とは,グループ状況でのふれあいが構成されているという意味です。
　具体的には次のようになります。

> **1**●与えられた枠組み[例:エクササイズを使う,ルールにのっとる]を通して,徐々にホンネとホンネの交流をします。
> **2**●エクササイズは,心理教育的な課題のことです。
> **3**●ルールには,守秘義務,ペアリングをしない,などがあります。

　「参加したくない」「いまは言いたくない」という互いの意思を許容しあうこともルールの一つ。無理強いはしないことです。
　では,SGEでは,どのような教育上の効果が得られるのでしょうか。

1●学級集団をはじめとした子ども間の人間関係，
　　子どもと教師間の関係がよくなります。
　　これらの人間関係は学校教育の生命線です。
2●子どもたちが明るく元気になります。
　　逆に，孤立は人の精気を奪います。
3●いじめや不登校の予防になります。

　つまり，ふれあうようになると，子どもたちはいじめることをしなくなります。ふれあうようになると，友人関係に伴うストレスが減ります。

　さて，『エンカウンターで学級が変わる』シリーズが発刊されたのは，1996年のことでした。
　以来10余年が経過し，2004年には本シリーズの集大成というべき國分康孝Ph.D.・國分久子M.A.監修『構成的グループエンカウンター事典』が刊行されました。
　NHK調査で，全国47都道府県の教育センター・教育研究所における現職研修では，SGE関連の研修が行われていることがわかりました。この普及・定着の過程で，SGEに対するさらなる洞察と新たな課題が生まれてきました。
　ゆえに，本書『教師のためのエンカウンター入門』で，特に読者に伝えたいことが5つあります。

本書の主張1●SGEは生きる力の源泉

　構成的グループエンカウンターで育成する人間関係力は，子どもたち一人一人の生きる力の源泉です。SGEの目的になっている「ふ

れあいと自他発見」は生きる力のもとになるということです。

どんな子どもでも一時的に遭遇する問題が3つあります。勉強,進路,友人関係です。特に友人関係のことでうまくいかなくなると,子どもは登校意欲やエネルギーを失っていきます。

本書の主張2●エクササイズ中心主義からの脱却を!

子どもたちにエクササイズをさせることだけに気をとられるリーダー（教師）は,エクササイズをしたくない子どもや,うまくできない子どもを見ると,いらだちや不快感を覚えることが多いものです。子どもの「いま,ここで」の気持ちを理解しようという姿勢を見失ってしまいがちになります。

リーダーは,エクササイズ中心主義から脱却すべきです。SGE体験（ふれあいと自他発見の体験）の中核にあるものは,エクササイズではありません。エクササイズは誘発剤であって,これを介して,自己を語ることが中心になります。

そして,自己開示は,誠実さ（conscientiousness）と,開放性（openness to experience）に裏打ちされたものです。

本書の主張3●個人差を許容しあう

どのような集団であっても,集団を画一化してはなりません。これは,自己開示の深浅,発言の頻度数,ふれあいの度合いなどの個人差を許容しあうということです。

例をあげれば,エクササイズに取り組んでいるときの子どもの気持ちはみな違います。自己表現の上手ではない子どもは,困惑やとまどいを感じているのです。

本書の主張4●集団内で問題の解決を

　集団の中で起きた問題は，その集団の中で解決します。ある子どもが抱えた問題は，ほかの子どもたちにも共通する問題であることが多いのです。集団の中で解決していくと，その過程に立ち合っている子どもたちは，モデリング（模倣）することができます。

本書の主張5●SGEリーダーの前提は実存主義

　SGEリーダーの立ち居振る舞いの前提になっているのは，実存主義という哲学です。それはこの一点に集約されます。

　　「ふれあいは他者との関係を生き，自分自身を生きること」
　　（Encounter as existence, uniqueness as Encounter.）

　集団の中で自分らしく上手にやっていくためには，自分の気持ちを押し殺し，またはホンネから遠くなるような感じで折り合いをつけるのではなく（折り合いをつけるというあり方を望ましくないと否定しているのではありません），互いの差異を初めから認め合い，受け入れていくことです。

　場の空気を読んで周りに合わせていかなければ，いじめられ排斥されるという現実を前にすると，とても困難で不便です。しかし，"Courage to be ."（ありたいようにあれ，ホンネで生きる勇気をもて）と言いたいのです。

　人は他人と関係をもちながらも，自分の世界を生きていくという存在様式しかとれないのです。

本書では，以上の5つについて，SGEの提唱・実践者である國分康孝・國分久子の両先生および筆者，JECA（NPO日本教育カウンセラー協会）のSGE研究グループのこれまでのアクション・リサーチから得た知見をもとに，特に教師をリーダーとするエンカウンター実践について述べます。

　本書はエンカウンセングおよびカウンセリング心理学の師である國分康孝先生・國分久子先生から教えていただいたことに，私の体験も加えて書かれたものです。

　現在，両先生と私は人生の伴走者のごとく研究・実践活動をしています。ここに改めて感謝申し上げます。

　本書を出版するにあたり，エンカウンターに対して熱烈なご支持をいただいている図書文化社の村主典英社長および同社出版部東則孝・渡辺佐恵の両氏に謝意を表します。

片野智治

教師のためのエンカウンター入門
目次

はじめに●2
序章●9

第1章
学校教育の今日的課題とふれあいの意義●14
今日の課題●●●ふれあいの乏しさと人間関係の希薄化●14
ふれあいとは何か●●●ふれあいの定義●17
SGEを展開する4つの場面●19

第2章
SGEの目的と指導原理●24
SGEの目的●●●ふれあいと自他発見●24
SGEの指導原理●●●教師の立ち居振る舞い●26

第3章
SGEの体験過程●32
グループの成長の見取り方●●●SGEグループ過程●32
個人の成長の見取り方●●●SGE個人過程●34

第4章
SGEが育てる人間関係力●38
SGE体験学習の目標6項目●38

第5章
グループ成長●42
グループの力(働き・機能)●42
グループ成長の観点●●●見方のポイント●43

第6章
SGEの展開の仕方●54

インストラクション●●●エクササイズの説明のコツ●54

エクササイズとその展開●58

シェアリング（わかちあい）●62

介入（割り込み指導・応急処置）●64

ルールの設定●67

リーダーの影響力●68

第7章
入門日帰りワークショップ・プログラム●70

大人向けSGE●70

代表的なエクササイズ12●71

引用・参考文献●78

序章

　構成的グループエンカウンター（Structured Group Encounter，略称SGE。以降，本書ではSGEと表記）は，國分康孝Ph.D.（特定非営利活動法人日本教育カウンセラー協会会長）・國分久子M.A.（青森明の星短期大学客員教授）らが，1970年代後半以降提唱し実践してきた集中的グループ体験です。

エンカウンターの種類●●●「非構成」と「構成」

　エンカウンターには2種類あります。構成するものと，非構成（Basic Encounter Group）のものです。

　見ず知らずの人たちに対して，ファシリテーター（促進者）が次のように教示します。

　「これから30分時間をとりますから，みなさんが話したいことを，自由に話してください。またはこの時間を自由に使っていただいていいのですよ」

──話し合うテーマがないのです。することも自由なのです。集まってきた人々の気持ちを想像してみましょう。

　とまどい，困惑，不安，いらだち，焦燥感，迷いといった感情がメンバーの中に起こると思います。これが子どもたちの場合なら，なおさらでしょう。

　このように，自由度のとても高い場面設定をするのが非構成のエンカウンター（ベーシック・エンカウンターグループ）です。

いっぽう，「構成する」とは，心理面の発達をねらったエクササイズを用い，エクササイズに取り組む小グループのサイズや時間設定，ルール設定（例：ペアリングしない）をするという意味です。つまり，心理面の発達を促す場（環境）の設定を行うことです。
　構成的グループエンカウンターでは，リーダー（ファシリテーターに相当）の教示は，次のようになります。
　「ではこれから〇〇というエクササイズをします。ねらいは……です。4人1組です。時間は10分です。やり方について疑問点，不明な点をどうぞ質問してください」
　このような教示の順序に従い，メンバーはエクササイズを体験します。これが構成法です。
　枠がはめられるので，窮屈な感じを受ける人もいます。リーダーによって動かされているといった感じをもつメンバーもいます。しかし大多数のメンバーは，安心してエクササイズに取り組みます。
　このように環境設定の仕方が日常に似ているので，違和感，とまどい，不安といったものが解消され，エクササイズに気持ちを集中できます。

SGEとは人間成長を目的としたグループ体験学習

　構成的グループエンカウンターは，開発的カウンセリング（developmental counseling）における人間関係開発のための集中的グループ体験として提唱されました。
　ここでいう「集中的グループ体験」とは，宿泊をしながらグループの中で，ひたすら自己および他者とふれあい，自己盲点に気づき，それを克服し，究極的には人間成長を目的としたグループ体験学習を意味しています。

対象は，自己啓発や自己変革を望む健常者であり，パーソナリティーに病理をもつ人々を対象としてはいません（國分，1981）。それゆえに，SGEは予防的・開発的カウンセリングのグループアプローチの一形態といえます。

自己盲点の気づきを促進

サンフランシスコ州立大学の心理学者ジョセフ・ルフト（Joseph Luft）とハリー・インガム（Harry Ingham）は，グループ体験による人間成長の観点として心の窓「ジョハリの窓」（Joseph Luft, & Harry Ingham, 1966）を提唱しました。その中の一つに，「自己盲点の窓」があります。

これは四つの窓の一つであり，「本人は気づいていないが，他者は気づいている」という領域を表す窓のことです [12ページ図参照]。

他者だけが気づいていた自分に気づくときは，しばしば苦い感情を伴う場合が多いものです。特に，ある特定の感情，思考，行動（行為と反応）にとらわれていた場合がそうです。

例えば，あるグループの中で級友がほめられると，急にA君は無口になってしまい，仲間同士の会話から遠のいてしまうという場合があります。

これは，シブリングライバルリー（同胞間の競争心・嫉妬心）と思われます。A君は，承認欲求を急に無口になるという反応で表しています。本人はこのような行動傾向に気づいていません。

しかし，エンカウンターがすすみ，お互いがホンネでものをいうようになると，級友がこの点を指摘してくれるようになります。

この指摘は，A君の気づきを促進します。彼にしてみれば，とても苦い気づきとなりますが。

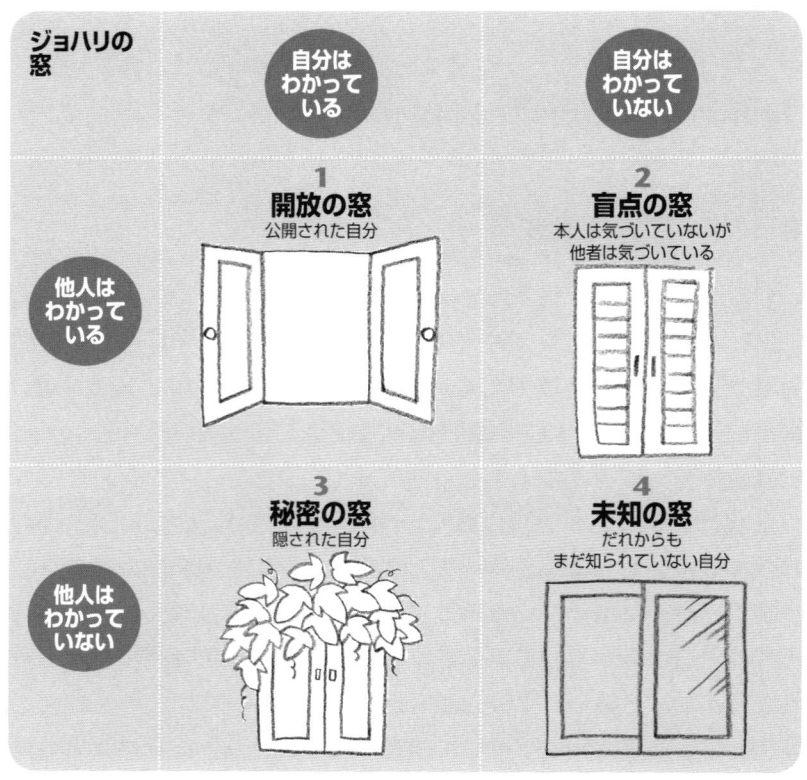

　友達のホンネのひとことがきっかけで，A君は自分の競争心や嫉妬心を意識し，自制することができるようになります。さらに，大人になってからは，職業的引き下げの心理をコントロールし，関係維持がスムーズになります。

　人は「無くて七癖」といいます。これは，ある特定の感情，思考，行動へのとらわれのことです。自分のとらわれに気づくことができ，それを克服できると，いっそう人間関係が円滑になり，生活空間が広がってきます。

SGEの位置づけ

　現在，構成的グループエンカウンターは，現職教員の中心的な研修機関である全国47都道府県の教育センターの学校教育相談や学校カウンセリングに関連した研修講座の中に位置づけられています。
　その結果として，小・中・高等学校をはじめとする学校教育現場に普及・定着しています。
　学校教育現場で行われている構成的グループエンカウンターは，宿泊を伴う集中的グループ体験のそれとは異なります。
　主として，児童生徒の「人間関係能力育成」「心の居場所づくり」「キャリア教育」「心の教育（サイコエジュケーション）」の指導法として活用されています。これを「スペシフィック（特化された）SGE」といいます。
　スペシフィックSGEは，学校の授業という枠組みの中でのエンカウンターであり，ふれあいのある人間関係づくりという特定の目標をもっています。
　もともとのエンカウンター（ジェネリックSGE）は，成人男女が宿泊しながら，授業という枠組みもなく，ひたすらふれあいと自他発見をめざしてエンカウンターするものです。ふれあいと自他発見が参加者の自己革新や自己変革につながり，究極的には人間成長（自己陶冶（とうや））を促進します。
　ちなみに，「SGE」「構成的グループエンカウンター」は，NPO日本教育カウンセラー協会によって商標登録されています。構成的グループエンカウンターの名を冠して有料の研修会を行う場合は，NPO日本教育カウンセラー協会（TEL：FAX 03-3941-8049）に相談する必要があります。

学校教育の今日的課題とふれあいの意義

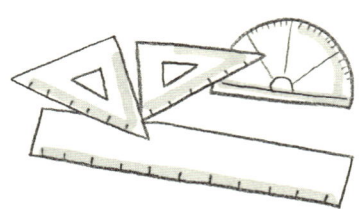

今日の課題●●●ふれあいの乏しさと人間関係の希薄化

　初等・中等教育が抱える問題の中でも主要な問題を取り上げ，解決に向かうために必要なふれあいの意義について述べていきます。

子どもたち同士のふれあい体験の減少

　学校教育の根幹にかかわる問題の一つは，子どもたち同士のふれあいのある人間関係体験が乏しいことです。これを称して「子ども孤の時代」（朝日新聞，2007.3.5.）といえるでしょう。

　不登校やいじめといった問題に代表されるような，非社会的・反社会的問題行動は年々増加し，深刻さを増してきています。その多くは，「リレーション（ふれあい）形成や分離不安克服のあがきである」と國分は指摘しています（1979）。

　ふれあいは安全基地の役割を果たし，問題行動の抑止力，分離不安に耐える力となります。人生は一時または一時期という時間の長短はありますが，別れという分離不安の連続なのです。

子どもたちと教師の人間関係希薄化

学校教育の根幹にかかわる第二の問題は，子どもたちと教師との間の人間関係が希薄化していることです。

子どもと教師との間の親密な人間関係は，学校教育の生命線といえます。現在この生命線が脅かされています。人間関係の希薄化は学級の荒れを生み出し，学級経営の破綻や授業不成立の主要な要因となっています。これを子どもたちの側から見れば，教師や級友がストレス源になっています（岡安・嶋田・丹羽・森・矢富，1992）。

岡田敬司は著書『かかわりの教育学』（ミネルヴァ書房，1993）の中で，教育的かかわりの4類型をあげ，「受容的・呼応的かかわり」を推奨しています。これは対立・葛藤的関係ではなく，安定・調和的関係の中に位置づけられています。対立・葛藤的関係は，子どもにとってはストレスフルになることはいうまでもありません。

いまや，学校教育の生命線であり，教師の生命線ともいうべき子ども間のふれあい，子どもと教師間のふれあいの形成が不可欠です。

子どもと教師の成長は関係発達している

かのアリストテレスは，「人というものは社会的動物である」と言いました。人は他の人たちと共に生きる存在様式しかとりえないと指摘したのです。

人は関係性を生きるとともに，自己を生きるのです。

イスラエルの宗教哲学者マーチン・ブーバーは，「関係の中に愛は生まれる」といい，我と汝の関係を強調しました。

つまり，互いがかけがえのない固有独自的な存在であるという認識から出発して，信頼に満ちた「あなた」と「私」の関係がよいと

いう意味です。

フランスの哲学者メルロ・ポンティは,「人間存在の根源的両義性」を提唱しています。

人は自己充実をめざす存在であるとともに, 常にだれかとつながれて安心・安定を得たい存在だというのです。

これらから示唆を得て, 発達心理学者の鯨岡峻は関係発達論を提唱しています。これは, 子どもの成長は教師の成長につながり, 教師の成長は子どもの成長につながるというものです。

子どもと教師の成長は相互補完的に「関係発達」しているのです（例：育児は育自）。

このように考えると, 両者の理想的な関係は「ふれあい」であるといえます。この場合のふれあいを, カウンセリング心理学用語で「リレーション」といいます。ふれあいは受容・被受容体験や共感・被共感体験をベースにしています。

以上を如実にうたっているのが, 次のウォルター・タブスの「パールズをこえて」（抄）という詩です。國分久子訳のもの（片野, 2003, p.140）を味わってみましょう。

> もし, 私が私のことをして, あなたがあなたのことをするだけなら,
> お互いの絆も自分自身も失うこと明白である。
> 私がこの世に存在するのは, あなたの期待にそうためではない。
> しかし, 私がこの世に存在するのは
> あなたがかけがえのない存在であることを確認するためである。
> そして, 私もかけがえのない存在として
> あなたに確認してもらうためである。[後略]

ふれあいとは何か●●●ふれあいの定義

ここでは,ふれあいの定義とその必要性について述べます。

1●●●ふれあいは自他受容をもたらす

ホンネを話しているとき,それを好意の念をもって真剣に聴いてもらえると,話し手はうれしくなります。

その内容が,落ち込んでいる自分を語っている場合や,みじめな体験を話しているときはなおさらです。生きていること自体が七転び八起きです。これは,子どもも教師も同じです。

話を聴いてもらえるだけでも,人は勇気づけられます。逆にいうと,勇気づけられるとは,話を聴いてもらえたという体験のことです。「このような私が受け入れてもらえた,受け入れてもらえるにたる人間である」と思えるようになるのです。

つまり,自己肯定感が高まってきます。聴いてくれた相手に対して,当然,好意の念が起きて,相手を受容するようになります。

2●●●ふれあいは人をサポーティブにし,我慢強くする

ふれあっている相手が窮地に陥れば,その相手に向けてエールを送りたくなります。相手の役に立ちたいという感情が起こるのも自然のことです。ふれあいは相身互いなのです。「後でよいことがあるかもしれない」といった条件つきのものではありません。ふれあっている相手は,自分にとってかけがえのない存在だからです。

サポーティブな態度や行動を向けられると,人は我慢強くなれます。もう少しできるかな,という気持ちが起きてきます。

たとえとして，私の体験をお話しましょう。

私が60歳を過ぎて博士課程で学んでいた3年目のこと。ある病のために3か月に渡る入院をしました。退院後，体力も精神力も落ちているときに，博士論文の執筆に取り組んでいた矢先でした。このとき，師である國分康孝先生がこう言ってくださいました。

「晩年を迎えたいま，私は君の伴走者になってもいい」。

私は，師のこの言葉を噛みしめ，何度も思い出しながら，博士論文を仕上げることができたのです。

3●●●ふれあいは互いの自己肯定感を高める

さきに，「受容・被受容体験は，自己肯定感を高める」と述べましたが，この体験の核になっている「受容」は，条件つきではありません。相手の欠点・短所をも丸ごと包み込むものです。日ごろの生活態度や能力・成績などに関係なく包み込まれるのです。無条件に丸ごと包み込まれた人は，「このような，いたらない人間でも受け入れてもらえる」「勉強のできない自分でも受け入れてもらえる」と思えるようになります。

受け入れてもらえると，半端な側面や勉強ができないという部分（これはその人のすべてではなく，一部分です）への意識が薄れます。つまり，自分のネガティブな側面に向けられたとらわれから解放されます。このようにして，自己肯定感は回復されます。

ふれあいの意義について述べてきましたが，このようなふれあいのある学級集団が形成されると，いじめや不登校に代表される問題行動は予防されるでしょう。真にふれあっている相手に対して害を加える気持ちにはなれませんし，「登校したくない」または「登校できない」という級友に好意的な関心が向けられます。

SGEを展開する4つの場面

では，学校教育のどのような場面で，どのようにふれあいを育成していったらよいのでしょうか。

新学習指導要領をもとに提案します。[21頁の「図：特別活動の概念図・小学校」参照]

SGEを展開する場面1
「特別活動」

SGEを展開する場面として，いちばんにあげられるのが特別活動の授業です。

特別活動の教育的意義の一つとして，「人間的なふれあいを基盤としている活動」があげられています。ゆえに特別活動の授業では，学級活動や学年行事と関連させて，SGEという教育指導法を用いるとよいでしょう。

例えば，話し合い活動のときに，エクササイズ「話し合いのレッドカード」*1を用いるのも一つの方法です。また，合唱コンクールや運動会といった学校・学年行事のときに，エクササイズ「君はどこかでヒーロー」*2を試みるのもいいでしょう。

SGEを展開する場面2
「キャリア教育」

SGEを展開する場面の二つ目は，キャリア教育の授業です。

キャリア教育は，能力育成を主眼としていて，育成すべき能力の一つに人間形成能力があげられています。

SGEの育成する人間関係力の特徴は感情交流にあります。「感じる知性EQ」がもとになっています。つまり知能指数に対して感情指数を高めるのです。

SGEの原理と技法を活用したSGEキャリアガイダンスは有効です。将来のことを考えたり，選択したりする過程では迷いはつきものです。このとき，一人で抱えるのではなく同年代の友達と共有することによって，整理され，決断ができるというものです。

SGEを展開する場面3
「道徳」

　SGEを展開する場面の三つ目は，道徳の授業です。

　SGEの究極的な目的は人間成長です。それには望ましい価値観の育成は欠かせません。SGEは複数の哲学を背景にもっています。

　例えば，「内観」というエクササイズがあります。

　これは，これまで生きてきて「お世話になったこと」「迷惑をかけたこと」「お返しをしたこと」の三つについて振り返るものです。ねらいは感謝の念を体験することです。

　つまり，人は「世界内存在」（助けたり助けられたりする存在である）という考え方を体験するわけです。

SGEを展開する場面4
「教科の授業」

　四つ目は，教科の授業場面です。

　教科においては，SGEは黒子役になるでしょう。教科学習では班学習が伝統的に用いられています。この伝統的な班学習をいっそう効果的かつ効率的にする黒子として，SGEの原理と技法は貢献できます。

　伝統的な班学習は，いわゆる「考える知性」をもとにした学習です。これは左脳の機能です。学習は積み重ねなので，班員の既習事項に関する習熟度に左右されます。

図●特別活動の概念図［小学校］

日々の学級経営の充実
人間関係の育成（教師―児童―児童）
児童理解

特別活動と生徒指導とのかかわり方

自分たちの力で所属する集団を、規制正しく運営する。
個性を生かし、人格を尊重する生き方を学ぶ。
集団としての連帯意識を高める、集団の一員として望ましい態度や行動のあり方を学ぶ。

生徒指導は、
児童が自らを生かし
自己表現できるよう
援助する教育機能

人間形成と特別活動

子どもの人間関係の希薄化を
克服する集団活動の充実
発達課題の達成

希望や目標をもって生きる態度の形成
基本的な生活習慣の形成
望ましい人間関係の育成
学校図書館の利用
心身ともに健康で安全な生活態度の形成
学級給食と望ましい食習慣の形成

学級活動と生徒指導

多様な機会
ふれあい
協力
認め合う
自己を生かす

4内容
学級活動
児童会活動
クラブ活動
学校行事

特別活動の前提

望ましい集団活動
（遊び仲間ではなく、集団の実践活動）
その条件6つ
全員で目標づくりと理解
全員で方法・手段を考察
全員で役割を分担
自発的要求の尊重
所属感・連帯感
相互交渉

特別活動の展開

特化内容
学級活動
学校行事

生活の充実・向上
適応・健康・安全
多様な友人との協働
学年・学校への所属感
集団行動

特別活動の教育的意義

なすことを通して実践的態度を身につける活動
人間的なふれあいを基盤としている活動
個性・能力の伸長、協力の精神を育てる活動
興味関心を高めるとともに
能力が総合・発展される
知・徳・体の人間性と社会性を育てる

アウトカム（達成目標）

児童期
心身の調和のとれた発達
（低学年・中学年・高学年）

個性の発見と理解、自己を生かす能力

社会性の伸長
自分の役割と責任を果たす体験の蓄積
協力的・自主的・実践的な態度

引用文献●小学校学習指導要領解説 特別活動編1999、小学校学習指導要領解説 生活編 1999

いっぽう，SGEを活用した班学習では，「感じる知性ＥＱ」に働きかけます。感じる知性は右脳の機能です。班員同士の防衛機制を緩和し，感情交流を促進しますので，子どもたちは「覚醒」（元気な状態）します。子どもたちの「持続性・集中力」はこの覚醒に左右されます。

　また，「モチベーション」は，覚醒と持続力・集中力，目標管理の三要素から成っています。

　目標管理は，自信に影響を受けます。すなわち自己肯定感や自己効力感（能力予期と結果予期）に影響されます。

　自己肯定感は，いうまでもなく自己効力感のもとです。班員同士の感情交流を通して，子どもたち一人一人が，受容・被受容体験や共感・被共感体験をすると，子どもの承認欲求は充足されるので，自然と自己肯定感は高まるでしょう。

　防衛機制が緩和されているので，発言量（コミュニケーション）は自然と増えます。

　言いかえれば，一人一人の子どもが主役になるということです（学習にコミットメントします）。

　例えば，国語の授業でエクササイズ「聞き上手・話し上手になろう」（吉田隆江）*3を実施します。

　目的は，安心して自分の考えを聞いてもらえる体験，そういう友達がいることに気づくところにあります。指導要領の改訂に伴って，コミュニケーションが重視されています。傾聴技法を学習することは教科学習のベースになります。

*1
「話し合いのレッドカード」
いくつかの会話例が書かれたワークシートを読み,各自感想を記入する。
シェアリングして,設問ごとの問題点や話し合いの基本ルールを確認する。
[出典]
❶片野智治編集『エンカウンターで進路指導が変わる』54-57p,高橋浩二,2001。
❷國分康孝・國分久子総編集『構成的グループエンカウンター事典』482p,高橋浩二,2004

*2
「君はどこかでヒーロー」
運動会の前に「どのような働きをする人が運動会を盛り上げるか」について討論して短冊に書き出す。
運動会終了後に,ふさわしい働きをした人にその短冊を手渡す。
[出典]
❶國分康孝監修『エンカウンターで学級が変わる 中学校編』98-99p,川崎知己,1996。
❷國分康孝・國分久子総編集『構成的グループエンカウンター事典』422-423p,川崎知己,2004

*3
「聞き上手・話し上手になろう」
2人組になり,話し手は自由に自分のことを語り,聞き手は受容的態度で聞く。
話が終わったら聞き手は内容をまとめて相手に返す。役割を交代する。感じたことを話す。
[出典]
國分康孝監修『エンカウンターで学級が変わる 中学校編 2』32-35p,吉田隆江,1997

第2章 SGEの目的と指導原理

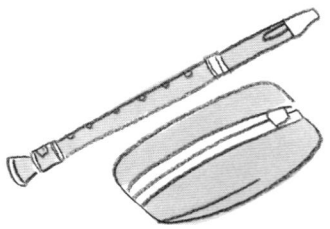

SGEの目的...ふれあいと自他発見

　エンカウンターはグループ状況でのふれあい，ホンネとホンネの交流のことです。構成的グループエンカウンター（SGE）は，ふれあいのある人間関係を育成する教育指導法です。
　ここでは，子どもたちにとって，教師がふれあいづくりをする教育的な目的と，指導をする際の原理について述べます。

ホンネの交流ができないと陥る,自己疎外と失愛恐怖

　構成的グループエンカウンターの目的は，ふれあいと自他発見にあります。繰り返しますが，ふれあいとはホンネとホンネの交流であり，感情交流のことです。その場の空気に合わせるために，ほんとうの自分の気持ちから離れた言動をすると，内心ではしらけた自分，そらぞらしい自分を感じてしまいます。これがホンネです。
　このような言動をし続けていると，ほんとうの自分から遠くなってしまい，仮面をかぶっている，いい子になっている自分が意識さ

れるようになります。ほんとうの自分といい子の自分がせめぎあい，互いに疎ましく感じるようになってしまいます。これを「自己疎外（self alienation）」といいます。

またホンネでものを言ったとき，相手を傷つけてしまうのではないかという恐れからホンネを隠してしまいます。反対したいけど反対できないで，あいまいにしてしまいます。断りたいけど，断ると相手から嫌われる，いつかの機会にこのしっぺ返しがある，自分の安全がおびやかされるといった恐れから，ホンネを出さないでつきあうことを「失愛恐怖（rejection anxiety）」といいます。

他者との関係を生き,自分自身を生きる

ホンネとホンネの交流をすすめていくと，どこかで自他の相違や差異を感じるようになり，お互いが固有独自的な存在であるということに気づきます。

だからといって，両者の関係が崩れるわけではありません。お互いが各自の相違や固有独自性（かけがえのない存在）を認め合うことで，再び新たなホンネとホンネの交流が始まるのです。

自己疎外から脱却し，失愛恐怖を克服して，ホンネとホンネの交流をすることに意味や価値を見いだしている哲学が実存主義です。

言いかえれば，子どもたち，そして教師自身も，「自分のありたいようなあり方」をする勇気をもって（Courage to be.），ホンネとホンネの交流をしてほしいのです。

以上のように，ふれあいと自他発見は他者との関係を生きるとともに，自分自身を生きることを促します。

別の観点からいえば，この人生を生きることは，自分にとって親密で重要な人間関係（リレーション）を，親，きょうだい，友達，

恋人，配偶者，子どもなどのようにシフトしていくことになります。
　しかし，ここでは分離不安がつきまといます。この分離不安を克服しつつ，新たなリレーションをつくる能力こそ，生きる力のもとといえるでしょう。
　SGEのふれあいと自他発見を通して育成する人間関係能力 [第4章] については別に記します。

SGEの指導原理●●●教師の立ち居振る舞い

　ここでは，教師がSGEを展開する際の原理（プリンシプル）について説明します。ここでいう原理とは，「教師の立ち居振る舞いの前提」という意味です。
　國分両先生が米国で師事したクラーク・ムスターカス（実存主義的な児童心理臨床家）の提唱している考え方を中心にして述べます。

ワンネス[being in]●●●気持ちを察し，感じ取る

　"being in"とは，教師の側が子どもたちの固有の内的世界に潜入するように，相手の気持ちを察知し，感じ取ることの意味です。
　さらに，汲み取った気持ち（感情）を子どもに積極的に伝えていきます。
　そうすることで，先生は「私の気持ちをわかろうとしてくれる」「僕のことをわかってくれている」という安心感（自他一体感）が子どもの側に生まれます。
　子どもは，「先生はどんなときでも私（僕）の味方だ」と思えるようになるので，心理的安定に包まれます。
　以上のような心理的相互作用は，教師が子どもたちに対して好意

の念（無条件の，積極的で好意的な関心）を向けるところから始まります。言いかえれば，教師が子どもたちに対して非審判的・許容的態度で，積極的に関心を向けるところが出発点になります。

例えば，教師が子どもたちの話に聞き耳をたて，子どもの目顔（表情）の語るところを注意深く読み取ります。

SGEは，子どもたち同士の間にワンネス"being in"を形成します。つまり，感受性を豊かにし，感情体験の幅を広げます。また信頼体験について体験学習できます。

どのように自分が動けばよいかについて教えることもできます。教師がして見せることで，模倣学習が成立するのです。

ウィネス［being for］●●●お互いが伴走者，同盟者になる

目は口ほどにものを言います（アイランゲージ）。

人は相手に確かめたいとき，相手の目を見ます。相手に対して自分の気持ちを強調したいときも，相手の目線をとります（アイコンタクトする）。目は，子どもの意思を象徴しているともいえます。

SGEにおいて，アイコンタクトは，相手の物理的存在を確認しあうことになります。

例えば，教師が子どもと握手するとき，その子が恥ずかしげに目線を落としていたら，「○○君，先生を見て」と指導します。

いっぽう，握手のグリップが弱かったら，「もう少しギュッとして」と求めます。

教師は，目で子どもの存在の有無を確認するわけですが，そのときもアイコンタクトをとります。これは，例えば「僕はここにいますよ」「おう，こんにちは」というように，交流しあう意思の確認なのです。

また，教師は，次のセッションやエクササイズを始めるとき，集団の個々人がいるかどうか確認します。もし一人でもいなかったら，来るまで場をつなぎます。その子を抜きにしては始めません。
　待つ理由は，いまここにいない級友と一緒にふれあいの時間を楽しみたいからです。考えてみれば，このようなきわめて単純かつ素朴な考え方が忘れられがちです。
　「ウィネス」の意味について，ムスターカスは，「お互いが同盟者のようになること」と言っています。
　ウィネスの関係のベースには，次の二つがあります。
　一つ目は，援助者（教師）は常に一貫して被援助者（児童生徒）に対して支持的態度を示します。「一貫して」というのは，条件つきではなく無条件であるという意味です。

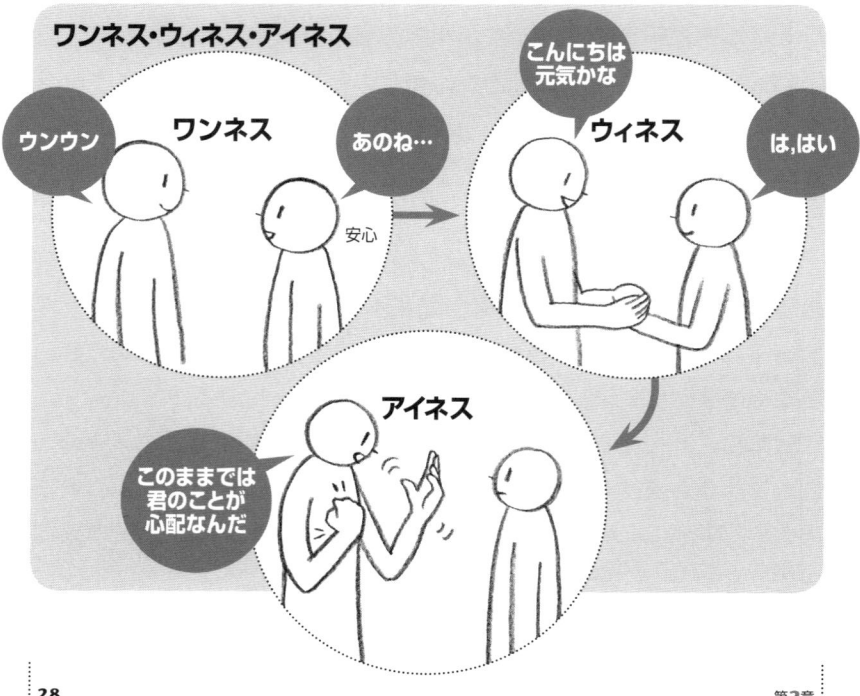

二つ目に，援助者は，被援助者の意思決定過程を尊重します。つまり，無理強いをしません。教師は助言や示唆をしながらも，子どもが自分自身で自己決定しようという態度を育てるのです。
　例えば，下記のような対応の仕方が考えられます。
　「先生は……と思うけど，君はどう思う？（感じる？）」
　「君さぁ，先生のアドバイスにとらわれることはないよ。選択する（決める）のは君だからね」
　しかし，しばしば子どもは先生の顔色をうかがい，先生に気に入られようとします。先生の期待にこたえようともします。これでは自己決定したとはいえません。

ウィネスとワンネスは不即不離

　ウィネスは，ワンネスと不即不離の関係にあるといえます。
　子どもが先生はいつも僕を見ていてくれている，先生の目が私に対して「大丈夫，先生はあなたを見ているよ。そばにいるよ」と言っているように感じ取れるようになれば，子どもの中に安心感や心理的安定感が生まれます。これがウィネスです。
　子どもたちが先生を模倣して，互いにサポーティブになれれば，その学級集団はいっそう仲間意識を強くします。

アイネス[being with]●●●互いに自己開示

　アイネスとは，お互いが自己開示したり，自己主張や生産的な論戦ができるような関係のことです。
　教師は必要に応じて，役割という上着を脱いで，一個人としてのホンネを表明するのがベターです。このパートナーシップに相当する関係には，お互いの自己主張や生産的論戦である「対決」（後述

します）が含まれます。

　中学・高校生以上になると，「教師としてではなく，建前ではなく，一個人としてのホンネ（感情）で，ものを言ってほしい」「私たちは未熟だけど，それでも一人の人格をもった存在として認めてほしい」と思うようになります。そして，「指導者ぶった言い方をしてほしくない」「強要するような言い方をしないでほしい」と主張するようになります。

　中学・高校生は，心理的離乳（第二の個体化）の段階にあって，人間関係では疾風怒濤の時代といわれます。行動の内的準拠枠（よりどころ）を再構築するようになりますし，そのために自我理想を探索します。

　自我理想とは，親や教師から刷り込まれ，教えられたりした禁止・命令を，同性の同年輩との親交「相互確認(consensual validation)」（サリヴァン，1976）を通して再構築した行動の内的準拠枠のことであり，同年輩の同性との親交を通してつくり直された行動様式のことです。

　ここでいう「親交」とは相互確認のことで，自分のものの感じ方や考え方，行動の仕方について確認しあうことをいいます。

　以上，SGEリーダーの指導原理について，ムスターカス（1995）の考え方をもとに述べました。彼は，これらの原理が作用する人間関係をリレーションであるとして，「意味と深みのある人生」を生きるために必要な関係であることを強調しています。

　このように考えると，子どもたちのふれあいと自己発見を目的にしたSGEのリーダーには，うってつけの指導原理といえるでしょう。

以上，三つの指導原理について述べました。これらを具体的な事例を通して表している著作は以下のものです（すべて國分康孝著）。『教師の教師』『教師のカルテ』『教師の自信』『教師の表情』以上瀝々社，『カウンセリング・マインド』誠信書房

SGEの体験過程

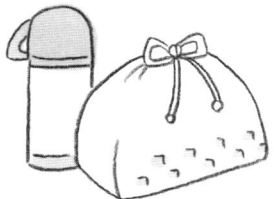

グループの成長の見取り方●●●SGEグループ過程

　構成的グループエンカウンターは，グループ体験です。グループ状況の中で，お互いがふれあいを重ねていくのです。それゆえにグループ体験には，グループが成長する過程と個人が成長する過程の二つの側面があります。

　特に，SGEによってグループが成長していく過程をSGEグループ過程といいます。それは子ども同士がふれあいを広げ，深めていくというインターラクション（交流）の過程です。SGEグループ過程をみる場合の私の観点は，次ページのとおりです。

　これは筆者が作成した尺度項目です。これを用いて，SGE実践の効果測定をすることをすすめます。使用する際には，子どもたちの状態に合わせて，文意を変えずに文章表現を考案してください。

　これらの観点は，子ども同士の受容・被受容体験や共感・被共感体験，すなわちホンネとホンネの交流（感情交流）に焦点づけられています。

> **SGEグループ過程をみる観点**
>
> 1. 話しやすかったか。
> 2. 自分のことについてすんなり話せたか。
> 3. 言いたいことが言えたか。
> 4. 自分の本心(ホンネ)を話したか。
> 5. 居心地はよかったか。
> 6. 受け入れてもらったという感じがしたか。
> 7. 自分のことを聞いてもらったという感じがしたか。
> 8. 気持ちはスッキリしているか。
> 9. リラックスしていたか。
> 10. エクササイズにすんなり取り組めたか。
> 11. 対話(言語及び非言語で)がはずんだか。

　人は他者から受容されると，つまり相手から無条件の肯定的・積極的関心を示されると自己肯定感がわいてきます。

　つまり，条件つきではない好意の念を他者から向けられると，自分が相手から尊重されているという気持ちになります。

　逆に，一生懸命に話しているのにもかかわらず，話をとられたり，話を変えられたりすると，自分は無視されていると感じるようになります。被無視体験は，子どもの自己肯定感を低くしてしまいます。

リレーション(ふれあい)とは何か●●●國分論

　國分康孝は，『心とこころのふれあうとき』（黎明書房，1979年）のまえがきで，リレーションとはどのようなものかを，きわめて具象的に記述しています。

「サティ（著者注：精神分析家）は母には子どもを拒否する心理があるとしながらも，拒否する以前に，自他一体的な無条件のリレーションを子どもとの間にもっている。そのリレーションへの憧れが誰にでもある。これが愛のおこりであると説く。母のみにくさよりも母のやさしさに重点をおいている。霜田静志（著者注：國分両先生の師）もサティ同様，母のやさしさへの憧憬がつよかった。霜田がかつて私にサティの翻訳をすすめたのも首肯できるのである。

　母のやさしさもみにくさも両方とも本当だと私は思う。しかしそのどちらに重点を置くかは多分，論者の成育歴に左右されるところが少なくないと思う。私はサティ・霜田ラインに従った。」

自身の「ふれあい」感の自問自答を

　ふれあいとは，どのようなものでしょうか。

　母と子との間の無条件の自他一体的な関係なのでしょうか。受容・被受容体験のある関係のことでしょうか。このような関係が子ども同士の間で形成できるのでしょうか。子どもの親でもない教師が，児童生徒との間で，この種の関係をつくれるのでしょうか……。

　こういったことを自問自答しながら，読者のみなさんには，本書を味わってほしいと思います。つまり，感じたこと気づいたことを大事にしてほしいのです。このような読者自身の体感をもとにして，授業でSGEを実践してみてはいかがでしょうか。

個人の成長の見取り方●●●SGE個人過程

　SGEはエクササイズを用います。これは心理教育的な課題です。エクササイズを介してホンネとホンネの交流をします。エクササイ

SGE個人過程をみる観点

1●自己開示
相手に対する自分の気持ちを話したくなる。
ふだんなら言わないようなことでも話したくなる。
これまでの人生で得意気分になったことやみじめだった体験を話してもいい。

2●自己歪曲
人によく思われたいという気持ちから自分を曲げてしまう。
相手に嫌われたくないので，引っ込み思案になっている。
相手に対して振る舞いが不自然になる。
気持ちが萎縮してしまう。

3●自己否定
相手をうらやましいと感じる。
相手と自分を比べてしまい，自己嫌悪を感じる。
相手と比べ，自分にはいいところはないと卑下してしまう。

4●自己主張
相手と異なる気持ちでも伝えることができる。
人に左右されることなく，自分のことは自分で決めている。
自分の意見や考えをはっきり主張できる。
自然な話し方ができる。

ズが誘発剤になって，メンバー同士の相互作用，つまり自己開示をしあい，「自分自身はどうなのか」というような内面化（自分の心に問いかけること）が起きます。これを通して，子どもたちは「あるがままの自己」，つまりほんとうの自分になっていきます。

　この個人過程をみるときの私の観点は上の表のとおりです。

見方のポイントは，自己受容性と自己主張性

　これらの観点は，自己受容性と自己主張性に焦点づけられています。自己受容性は，他者との交流を通して自己肯定感が高まり，その結果として実現するものです。これが他者受容につながります。

　いっぽう，自己主張性は，自己肯定感の高まりと気概を出す（主張反応）ことで現れます。これが，「対決（コンフロンテーション）」という生産的論戦につながります。

　自己肯定感は，自己開示や自己主張，対決のもとです。自己肯定感が低くなると，それが自己歪曲や自己否定の原因になります。自己嫌悪感の強い人ほどこれらの度合いが高くなります。

SGEエクササイズのねらいとは

　SGEではエクササイズを用います。

　子どもはエクササイズに取り組んでいる過程で，これに触発されて，いろいろな自分を意識し，感じるようになります。

　端的な言い方をすれば，好きな自分や嫌いな自分を意識するようになります。

　そこで，子どもがいっそう自分を好きになれるように，リーダーである教師がかかわると，子どもは前向き（建設的かつ積極的）な姿勢をもてるようになるでしょう。

　例えば，「意気地がなくて根性のない，こんな自分は嫌いだ」と思っているA君に向けて，リーダーが次のように応えます。

　「そうかぁ，残念だねぇ。……A君の意気地のなさや根性のなさは，これからもずっと続くものなのかなぁ。先生は疑問だな。いま，仮にA君がそうであったとしても，今後ずっとそうだとはいえないよ

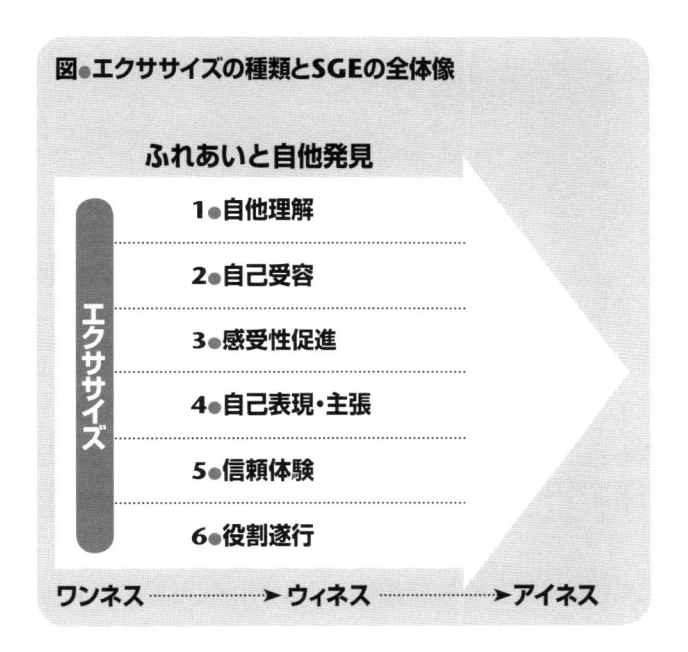

図●エクササイズの種類とSGEの全体像

ふれあいと自他発見

エクササイズ
- 1●自他理解
- 2●自己受容
- 3●感受性促進
- 4●自己表現・主張
- 5●信頼体験
- 6●役割遂行

ワンネス ──→ ウィネス ──→ アイネス

ねぇ。それに，根性はほどほどでいいんだよ。だとしたら，A君はどうする？」

　子どもの自己像は，自分にとって重要な他者からのポジティブな評価を得て形成されるとよいのです。

　以上を要約しましょう。

　構成的グループエンカウンターのエクササイズは，心理教育的な課題であり，カウンセリングの理論や実存主義哲学を背景にして設定された以下のねらいをもっています。**1●自他理解**，**2●自己受容**，**3●感受性促進**，**4●自己表現・主張**，**5●信頼体験**，**6●役割遂行**。

　このようなねらいをもつエクササイズに触発されて，子どもの内面化が誘発されます。これが個人過程です。

第4章 SGEが育てる人間関係力

SGE体験学習の目標6項目

　子どもたちにSGEを体験させることで，具体的に何を実現させるのでしょうか。SGEの体験学習目標は，國分らが作成した人間関係尺度の本尺度の6項目から導くことができます。具体的な説明を加えながら紹介します。

> **SGE体験学習の目標●1**
> **自己主張**
> 「他人の目をよく見て話しかけていた」
> 「他人の目が見られず伏し目がちだった」

　「目は口ほどにものを言う」「目にもの言わす」「目に角を立てる」のように，目は非言語的表現の象徴といえます。このように考えると，本項目は「自己主張」項目としてふさわしいといえます。
　例えば，自己を打ち出すエクササイズのときに，伏し目がちでは気概が相手に伝わりません。

SGE体験学習の目標●2
自己理解
「状況にあった言動をしていた」
「不適切な言動が多かった」

　エンカウンターでは，「自己理解」は主要な学習目標の一つです。本項目は，他者だけが知っている自分自身のとらわれに気づくことを意図したものです。

　例えば，4人1組で5分のシェアリング（わかちあい）をする場合，あるメンバーが，時間を一人占めするかのように長々と話しているといった行動が，SGEの体験場面でみられます。

　このときに，メンバーが「私はもっと話したかった」「中途半端です」「時間がほしかった」「今度からは与えられた時間をお互い上手に使おうよ」といった発言が出てくると，時間を独占したメンバーは自分の行動に気づけます。

SGE体験学習の目標●3
自己受容性
「自信のある堂々とした態度が多かった」
「おどおどして不安だった」

　自己受容は，自己肯定感を主成分とする心性です。それゆえに，自己嫌悪感の強い人はおどおどして不安げです。逆に，自己受容している人としては，「学歴は高卒でも，車のセールスをさせたら私は大卒の2倍は売っている」と，自信をもって堂々としている営業マンなどは，そのいい例です。

SGE体験学習の目標●4
他者理解
「人の話に関心をもって聞いていた」
「人の話にほとんど相づちを打たなかった」

　他者を理解しようという人の態度や行動（反応）の特徴は，他者に対して無条件の積極的関心を示すという反応や理解的態度です。「人の話を一笑にふすな」と，國分先生は，よく私たちSGEのリーダーを行う者に対して言います。

　相づちを打ったり，うなずいたりして，聞き耳を立てているといった反応や行為は，相手を理解したいという気持ちの表れです。

SGE体験学習の目標●5
感受性
「表情が明るく，ジェスチャーをよく使った表現をしていた」
「暗く，硬い表情であった」

　感受性は他者の言語的ないし非言語的表現に対して敏感であるという心性です。

　また，言語的表現と非言語的表現が一致していることが望ましいといえます。

　例えば，愉快な話をしているときに，暗く，硬い表情をしているのは不一致です。

SGE体験学習の目標●6
信頼性
「対人的距離が狭く人と接していた」
「人と距離をおいて話していた」

「物理的距離は心理的距離」といいます。これは親しくなればなるほど，両者が接近するという意味です。親しくなると，相互の内的世界を共有する程度が増してきますので，そこに相互信頼が生じます。

例をあげれば，打ち明け話をしている2人の物理的距離は近いといえます。

さて，この人間関係能力尺度は，子どもの能力を測る場合には，文意を変えず，相手に合わせた文章表現にして用いることをすすめます。回答方法は5件法（5段階評価）です。また，4件法による回答も回答処理がしやすいという点でおすすめします。

5件法の選択肢

1● 「大いにできている」
2● 「ややできている」
3● 「できているかどうか不明」
4● 「あまりできていない」
5● 「まったくできていない」

4件法の選択肢

1● 「できている」
2● 「ややできている」
3● 「あまりできていない」
4● 「できていない」

第5章
グループ成長

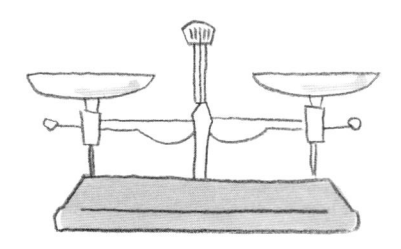

グループの力［働き・機能］

　学校教育は，集団指導を基幹においています。教科指導および生徒指導は，この集団指導を前提にして行われます。
　いっぽうSGEは，グループの力を用いて目標達成を図る「グループアプローチ」の一形態です。
　このグループの力（働き・機能）をひとことでいえば，グループには人を育てたり癒したりする機能があるということです。
　具体的には，グループには次のような働きがあります。

グループの力とは

1●試行錯誤の機会に恵まれている
　すべての学習は，試行錯誤から始まるといえるでしょう。子どもたち一人一人が試行錯誤から始めるのです。
2●子どもの人数分だけ，成功や失敗がある
　試行錯誤から始まるゆえに，それだけ模倣の機会が多いといえま

す。模倣という学習は,成功ばかりではなく,失敗からも生まれます。

3●子どもの人数だけ,考え方,感じ方,行動の仕方がある

グループサイズが30名ならば,その数だけの考え方,感じ方,行動の仕方があります。よって思考,感情,行動についての気づきの機会に恵まれています。

4●共有する場面が多い

気づき,模倣,試行錯誤を共有する場面が実に多いのです。

グループ成長の観点●●●見方のポイント

グループアプローチの一つである構成的グループエンカウンターは,グループ成長を促進します。

そこで,グループアプローチからみたグループ成長の観点を以下にあげます。これは学校教育にも通じるものです。

グループ成長の操作的定義は「グループ機能が発揮されている度合い」です。つまり以下のとおりです。

グループアプローチからみたグループ成長の観点

グループ成長の観点●1
それぞれのメンバーがグループのために何らかの役割を分担し,こなしている

学級経営には,子どもたちの役割遂行は必須のものです。どのような役割をだれが担うか,学級担任は子どもたちと話し合ったりして決めていくのが順当でしょう。

子どもの興味や行動特性,適性能力に関する予備知識を得ること

も肝要です。

　ところで，SGEを学級という集団を対象にして実施する場合，学級活動の役割とすり合わせて，一人一役で，役割遂行を求めるのがベターです。

　合宿形式による成人向けSGEワークショップでは，役割を選択するときには，「かくれた役割」を見いだすねらいから，苦手な役をとることにしています。

　ふだん役割を選択するときには，得意なものや，してみたいと思うものを選びます。しかしSGEでは，そうではありません。それは，キャパシティを広げるためです。現実的で実際的な意味がここにあります。

　生徒の例，教師の例にあてはめて，これをみてみましょう。

　中学2年のB子は，バスケット部のキャプテンになったばかりでした。B子が部長になったのは順当な成りゆきでしたし，自認していました。

　その彼女が人よりも早く登校して，黙々と黒板とその周囲を雑巾がけしだしたのです。リーダーシップを発揮する立場と，縁の下の力持ちになることへの挑戦だったのです。

　さて，教師の例は，私自身の体験談です。

　当時，新任教師だった私は，学級懇親会がおっくうでした。保護者との社交会話や飲食のもてなしが苦手だったのです。そんな私は初めてのSGEワークショップで，サービス係を意図的に選択しました。いまでも苦手意識はありますが，ほどほどにもてなすサービスを心がけています。

　また，人見知り傾向のある子どもでも，役割があると，それを通して関係をもつことができ，関係を保つことも可能になります。役

割を通してうちとけ合うことも可能でしょう。ここに役割遂行の二つ目のねらいがあります。

さて,役割遂行の場合に問題になるのが誠意の有無です。誠意とは誠実であるという意味で,積極性と責任性,勤勉さといった複合的な行動特性のことです。

グループ成長の観点●2
サブグループが固定化せず(ペアリングがなく),グループが一つになっている

合宿で行う元来のSGEにはルールがあります。そして学校でも実態に応じた形でのルールが必要です。

1●守秘義務

これは,発達段階に応じたレベルで求められます。例えば,子どもに「口が軽い人は嫌われるよ」と教えます。

2●ペアリングしない

ペアリングは,いつでもどこでもある特定の人同士で一緒に行動するというものです。この状態では,人間関係の輪は広がりません。SGEでは,集団のだれとでもふれあっていくことを求めています。それでも親密度に差が出てくることは仕方ありませんが,関係づくりを初めから閉ざしてしまうのはよいとはいえません。

3●時間に遅れない

活動(セッション)の開始時刻を守るというものです。エクササイズをするときに,与えられた時間を守ります。いうまでもなく,人は限られた時間を生きる存在です。

4●非難・中傷しない

人を非難する,中傷することはしないというルールを設定します。

レッテルを貼るという行為もルール違反です。

グループ成長の観点●3
互いが介添え役・代弁者・弁護者を心がけている

　介添え役とはどのようなものか，例を示します。
　A君がクラスの仲間から一方的に責められていたとします。相手の勢いに押され，A君は口ごもり，言いたいことも主張できないでいます。こんなときに，そばにいたB君がこう言います。
　「A君さ，一方的に責められているようだけど，君のほうからも，言いたいことがあれば，主張したらよいと思うけど，どうかなぁ」
　B君の立ち居振る舞いは，A君を補強する役割，「介添え役」にあたります。これは，仲裁役とは異なります。仲裁はけんかをしている両者の間に割って入って，両方の言い分を平等に聞いて，仲直りさせるところにねらいがあります。

グループ成長の観点●4
個人的な問題でも，他人ごととらえず，みんなで解決しあおうとしている

　個人が遭遇した問題でも，それはけっして個人的な問題ではなく，多くの人にも共通する側面をもっているので，オープンにして人々の知恵を寄せ合うのです。
　カール・ロジャーズ（米国の臨床心理学者）は，次のように述べました。"To be personal is to be universal."「個人的な問題は，ほかの多くの人にもあてはまる」という意味です。
　オープンにして衆知を寄せ合うことによって，当事者以外の間に

も，レディネス（準備性：心身ともに準備のできている状態。これがあると動機づけしやすく，士気も高まる）が形成されます。周囲のクラスメイトたちは，ここから模倣学習できます。つまるところ「他山の石」です。「よそで起こった出来事も，自分を磨く道具になる」のです。

成人向けのSGEワークショップでは，「これは私の問題なので，みなさんの時間を奪ってしまうようで，申しわけない」と，メンバーが言うことがあります。このようなとき，「そんなことはありませんよ。あなたが抱えている問題は，ここにいるみんなに共通することなので，遠慮しなくていいのですよ。さぁ，話してみてください」などと，リーダーが介入します。

グループ成長の観点●5
仲間に対して受容的・共感的である

クラスメイトは仲間です。前出のムスターカスの言葉を借りれば，学級は「ウィネス」のある集団であることがベターです。

言いかえると，これは苦楽を共にする集団です。そのベースに，仲間に対して受容的・共感的であるというあり方があります。ゆえに，仲間同士はお互いにサポーティブになれるのです。

学級集団の成長のもとは，子どもたち同士と，子どもと教師間の受容・被受容体験および共感・被共感体験です。

「受容・被受容体験」とは，好意の念の交流のことです。

例えば，出会ったときに友達の表情が沈んでいれば，

「何かあったの？　心配ごとがあるなら，聞かせてよ」

といった問いかけがごく自然にできます。つまり無条件の肯定的で

積極的な関心が示されるのです。

　その友人の話に耳を傾けている過程で，内心で「なんだ，そんなことだったのか。心配してやってバカみちゃった」といった気持ちにはならずに，「そうか，そんなことがあったのか。大事にならずに，不幸中の幸いだったね。心配したよ」といった対話になります。

　「共感・被共感体験」とは，自分の興味・関心の枠を脇において，相手の話に聴き入ることをいいます。

　例えば，

「そうか，そんなことがあったのか。突然のことだったので，気持ちが動転し，どうしたらいいか混乱してしまったんじゃないの。おおごとにならずに，ほんとうによかったよねぇ」

「一人で何とかしようと思っていたんだね。とにかくいつもの君ではない，変だなぁと感じていたよ」

というように，相手の胸の内を，相手の立場（枠組み）で理解しようとします。

　以上，二つの例をあげましたが，傍点の部分が受容・被受容体験と共感・被共感体験との相違です。

　子ども同士の受容・被受容体験および共感・被共感体験は，時間の経過とともに自然に醸成されるものではありません。子どもと教師との間で，担任教師が積極的・意図的につくり出すものです。むしろ，担任のこのような態度を子どもは模倣します。

　このようにして形成された子どもと教師間，子どもたち同士の受容・被受容体験および共感・被共感体験は，グループ成長のもとであり，子どもや教師の両者にとって，生命線ともいうべきものでしょう。

グループ成長の観点●6
個人的に相談したりされたりしたことでも,後でオープンにし,みんなで共有しあおうとしている

　グループサイズが30〜40人となってくると,必ずと言っていいほど,サブグループやサブリーダーが生まれてきます。このような現象は望ましいといえます。

　ただし,ある小グループや数人の間で話し合い,問題解決してしまって,それで終わりにしてしまうことが,ときおり起きます。これを精神分析的カウンセリングでは,「ざる漏れ」といいます。

　そこで,成人向けのSGEでは,ざる漏れを防ぐために,全体シェアリングの場でオープンにして,グループ全体で共有するようにしています。

　これを放置すると,不安によって結びついたペアリングのもとになります。ゆえに,子どもたち同士のSGEでも,同様に,問題をグループ全体で共有できるといいでしょう。

　この場合の注意点としては,問題がきわめて個人的であり,守秘義務を要する場合,子どもたちの守秘義務能力が問題になります。例えば,両親の不和や家庭の経済状態の苦しさといった問題が,これに相当します。

グループ成長の観点●7
発言や行動を無理強いせず,沈黙の自由を尊重しあっている

　学級はウィネスのある集団であることが望ましいと前述しました。いわば同じ釜の飯を食べ,協働をする間柄のことです。しかし,

個々人を見ると，学校生活の中で置かれている状況は似ているようで異なることが多いものです。

クラブ活動や同好会活動，生徒会活動をしている，ボランティア活動に精を出している，あるいは両親が共働きできょうだいの世話をしなければならない子どもたちもいます。進学塾に通っている子どもも多くいます。このように，個々人を取り巻く生活環境は異なっています。

このような事情から，学校行事や学年行事への参加に伴う学級内の協働ができないことは多いものです。

ですから，お互いに無理強いをせず，お互いの意思を尊重しあうことが肝要です。融通をきかせて，お互いが行動できるようになることです。

SGEを行うときでも同じです。

一人一人の行動傾向は違います。発言の頻度一つをとっても違います。口数が少なく沈黙がちなメンバーもいます。だからといって，誘い水を向けても，発言を強要することはしません。エクササイズへの取組みについても，無理強いはしません。

グループ成長の観点●8
自分の思いや気持ちを，臆しつつも口に出している

ムスターカスは，リレーションにはワンネス，ウィネスのほかに，もう一つ「アイネス」があると指摘しています。

これは，"I am I."（私は私である）と，自分の思いや気持ち（ホンネ）を臆せず自己主張するといった態度や行動傾向のことです。また，「対決」という生産的論戦のできる間柄をいいます。ここまでしても，

ヒビがはいらない関係を強調しています。念のため,これは一匹狼や一言居士の言動とは違います。

ところで,多くの人が,「人前でものを言うことは苦手だ」と言います。SGEで大事にしているのは,「臆しつつも口に出す」ということです。

特に異論・反論の場合には,ものを言うのが苦手な人は内心,悶々としています。

「いま,私は話したものかどうか,悶々としていました。体がふるえています。やっと言えそうな感じがするのですが,いざ話そうとすると,思いが言葉にならないのです。こんなふうに言っている自分が精一杯なのです」

このように,気後れしつつも,自分の思いをなんとか口に出すことです。

グループ成長の観点●9
自己開示の深浅,発言の頻度数,ふれあいの度合いなどの個人差を許容しあっている

教師(リーダー)は,自分が期待するような方向をみんなが向くことや,みんなが同じような感情体験(例:面白かった,楽しかった,とてもよかった)をすることを求めがちになります。これは集団の画一化です。SGEでは集団を画一化しないように留意します。

SGEでは一人一人の子どもが,周囲を気にすることなく,ホンネを表現・主張することを期待しています。

教師(リーダー)は"Big we, small I."(同調圧力)や失愛恐怖を,次のように予防します。

「これまでに出された感想や意見は肯定的なものばかりでした。

そこで，先生は，今度はネガティブな感想や意見も聞きたいと思います。言ってほしいのです。先生や周りの人に遠慮しなくていいのです。自分だけネガティブなことを発表すると，変な人だと思われるのではないか，といった心配はしないでください。みんな一人一人違うのですから，否定的な感想や意見があってもいいのです。むしろそのほうが，よい学級集団といえるでしょうね」

> **グループ成長の観点●10**
> **各メンバーの動静を**
> **全員が承知している**

　成人向けのSGEワークショップでは，セッションを始める直前に，点呼係が，全員そろっているか確認の点呼をします。メンバーが欠けているときに，「○○さんはどうしたのでしょうねぇ」と，集まってきている人に尋ねます。

　すると，いままで共にいた別の仲間が，「彼は，いま部屋のほうへ忘れ物を取りに行っています」と答えます。

　学校では，これと似たケースがしばしばあります。クラスメイト同士が互いの動静を承知しているという事実は，互いが関心をもっていることを示します。

グループ成長は"You and I."から"We and I."への過程

　以上，グループ成長の観点を示しました。これらの観点を用いて，子ども一人一人が自分の学級をどのように感じているか，受け止めているかを知ることが重要でしょう。アンケート形式で問うことをおすすめします。

　また「子どもたちが集団の中で，自分らしくうまくやっていくに

はどのようにしたらよいか」について，教師はSGEリーダーとして，自分なりの考えや見方をもつことは肝要です。

　多くの子どもたちや学生は，「折り合い」をつけていくことがベターだと答えます。しかし，これは妥協する意味に近いのです。私（著者）は，そうではなくて，一人一人が違うというところから出発して，どうしたらその違いをそれぞれに認め合えるのか，それぞれを生かせるのか，を話し合うことが大事であると考えています。

　こう考えると，グループ成長は"You and I."から"We and I."への過程であるといえます。

　大人向けSGEではリチュアル（共通の行動様式。集団の凝集性を高める）として，「出会いの握手」「別れの握手」を行っています。このときに「よろしく」「さようなら」の意味をこめて「ユーアイ」または「ウィーアイ」と言ってみてはいかがでしょうか。

第6章
SGEの展開の仕方

インストラクション●●●エクササイズの説明のコツ

　学校教育現場で児童生徒を対象にした，構成的グループエンカウンター「スペシフィックSGE」の進め方について述べます。特に，教師がどんなリーダーシップをとることが望ましいかを説明します。
　まずは，インストラクションについてです。
　リーダー（教師）は，エクササイズについてインストラクションを行います。これは，エクササイズのねらい，内容（方法，やり方）と留意点に関して説明することです。ポイントは，「簡にして要を得た」説明（國分）をすることです。
　エクササイズが込み入っている場合は，インストラクションを段階的に行います（説明を小出しにします）。

デモンストレーション●●●リーダーがして見せる

　また，インストラクションの中に，しばしば「デモンストレーション」（して見せること）を入れます。「百聞は一見に如かず」で，リー

> ### 「自己開示」の観点
> 見方のポイント
>
> #### どのように話をしているか［自己開示＝開示技法因子］
> 的を射ている。
> 簡潔で要領を得ている。
> 「いま,ここで」の気持ちを話している。
> 生き方を教えてくれる。
> 胸をうつような内容である。
> 無理がなく自然である。
>
> #### 意義やねらいを踏まえているか［自己開示＝納得・促進因子］
> 生い立ちや親のことでも話す。
> 私(回答者)は,いまの自分に満足している。
> 自己開示とはこのようなものなのか,がわかる。
> 自分も開示してみようという勇気がわく。

ダーがくどくどと説明するよりは，して見せるほうが効果的な説明となります。

　同時に，リーダーを理解することにつながります。デモンストレーションは，模倣学習効果を意図していますし，エクササイズへの回避反応を防ぎ，レディネス（心の準備）と動機づけにもなります。

　さらに，リーダーは，エクササイズに取り組むときのグループサイズと取り組む時間を設定する必要があります。

SGEは,自己開示を誘発する

　ところで，SGEのエクササイズは「自己開示」を誘発する誘発剤の働きをします。そこで子どもたちが自分のことをどのように，ど

の程度語ればよいか，モデルを示します。これもデモンストレーションになります。前ページに示した観点（別所靖子・SGE研究グループ・JECA）を念頭におくとよいでしょう。

つまり，リーダーの自己開示を聞いて，子どもがこんなふうに自分自身を話せばよいのか，私もこのように語ってみようかなぁ，という気持ちにさせることが大事なのです。

デモンストレーションを行うコツ

動作やジェスチューを伴うエクササイズをする際に，デモンストレーションは効果的です。その場合の観点（橋本 登・SGE研究グループ・JECA）を次ページに示しておきます。

これを要約すると，「して見せて（デモ），言ってきかせて（ねらい・必要性），させてみる（試行）」──というわけです。山本五十六は，さらに「ほめる」（強化）ことをつけ加えています。

SGEのエクササイズは体験学習用です。

体験は単に頭の中で考えることとは異なりますので，子どもは「うまくいくかなぁ」という気持ちをたえずもっています。

このように考えると，リーダーのデモンストレーションは，上手にするというよりも，自然であり，なりふり構わずにすることが大事であることがわかります。

理解を得るための説明とは

エンカウンターの導入場面で，子どもや保護者にどのように説明すれば理解してもらえるでしょうか。これを考えてみましょう。

1●児童生徒向けの説明──くどい説明は省略，体験をさきに

「これからこの授業ですることは『SGE』（板書）です。日本語訳

「デモンストレーション」の観点
見方のポイント

やる気を高めているか ［デモ＝動機づけ因子］
納得してエクササイズに取り組める。
エクササイズの雰囲気が伝わってくる。
「やってみよう」という意欲が出てくる。
「これくらいならできそうだ」と思える。
エクササイズへのイメージがわいてくる。
メンバーのレディネス（心の準備）に合っている。

わかりやすいか ［デモ＝エクササイズ理解促進因子］
一目でやり方がわかる。
短時間でわかりやすい。

すると，構成的グループエンカウンター（板書）。『エンカウンター』という言葉は『ふれあい』（板書）という意味です。では三点セットで，言ってみましょう。『SGE，エンカウンター，ふれあい』はい，どうぞ」

「では，まず体験してみましょうね。体験してみて，ふれあいって何だろう，と考えてみましょう」

「ヒントを一つだけ言います。体験しながら，感じたこと気づいたことを，心に（胸に）とどめておくことです」

すぐ体験に入ります。すすめたいエクササイズの例は「アウチ」[*1]や「バースデーライン」[*2]です。「アウチ」は授業の開始時（エンカウンターの授業のたび）に用いるとよいでしょう。「バースデーライン」は学級の人間関係をつくる一学期の初めが最適です。

以上のように，くどい説明は省いて，体験からさきに入ります。

感じたこと，気づいたことの自由な話し合いに十分な時間をとるようにします。この部分がエンカウンターになります。

2●保護者向けの説明

「最近，私（担任）は授業で子どもたちに『エンカウンター』（板書）を試みています。ここでまず，子どもたちが体験していることを，お母さんやお父さんにも試みてほしいのです。いかがでしょうか」

「では，みなさん，お立ちください」

「これから二つほど，体験していただきます。体験しながら，感じたこと気づいたことを，心に（胸に）とどめておいてくださいね」

保護者への説明の前に，あらかじめ，学級通信や学年通信で，子どもたちが体験してみて感じたこと気づいたことを掲載しておくとよいでしょう。これがレディネス（準備）になります。

実施するエクササイズは，アウチやバースデーラインがおすすめです。体験後にシェアリングをしますが，このとき，多少の脱線には目をつぶります。

エクササイズとその展開

リーダーはエクササイズをインストラクションし，子どもたちがこれに取り組むように仕向けます。

子どもたちは自我が未成熟なので，エクササイズを選定する際には，抵抗が少なく（内面に深く入り込まなくて，心理的動揺の少ないもの），だれもが取り組めるものを選ぶことが大切になります。

参加しない自由を認める

またリーダーは，何らかの理由で，「このエクササイズを行いた

くない」という子どもがいるとき，参加しない自由を認めます。つまり，無理強いしないということです。授業だからということで，子どもに対して無理強いすると，させられる苦痛が生じて，それが心の痛みになる恐れがあります。

パスしたいという子どもには，リーダーの補助役を頼むとよいでしょう。例えば，タイムキーパーやワークシートの配付係です。このようにしていくと，自由放任にならないですみます。

エクササイズのねらいと評価

児童生徒向けのエクササイズは，現在500以上用意されています。これらのエクササイズのねらいを突き詰めていくと，前述したように，ねらいは次の6つになります。自他理解，自己受容，感受性促進，自己表現・主張，信頼体験，役割遂行です。

エクササイズを評価するときの観点は，次ページの5つです。

エクササイズを評価するということは，リーダーが子どもたちに求めた体験，もしくは活動そのものを評価することになります。それゆえに，単に，面白かった，楽しかった，よかっただけでは本来のSGEの目的から遠くなっています。

何がどのように面白かったのか，楽しかったのか，よかったのか，を学齢に応じて明らかにし，共有することが必要です。自由記述の資料（データ）を収集しておくとよいでしょう。

ちなみに，5つの評価は，國分康孝・國分久子・片野智治によって設定されたものです。

効果的・効率的な展開とは

1時間の授業の中で，効果的かつ効率的に展開する方法を考えて

「エクササイズの評価」の観点
見方のポイント

1● 防衛機制の緩和
話しやすかったか,気持ちが楽になったか。

2● 他者理解
人の心とふれあえた感じがしたか。

3● 自己理解
いままで気づかなかった自分に気づけたか。

4● 行動変容
いままでしなかったこと,できなかったことをしたか,できたか。

5● 感情体験
喜怒哀楽などの感情体験もしくは感動体験があったか。

みましょう。私の経験と授業参観から得た知見をもとに記します。

1● リチュアル［共通の行動様式］——集団の輪を高める

　点呼係が,リチュアルで始めることを指示します（始まりのリチュアル）。リチュアルとは,共通の行動様式の意味です。これによって集団の和を高めます。

　例えば,人差し指と人差し指をお互いに付け合いながら,「ユーアイ（You and I.の略）」と言い合います（アウチの変形）。これを全員とします。これがウオーミングアップの働きをし,レディネス（心の準備,「エンカウンターの授業が始まるよ」）になります。30人程度の集団ならば,一人一人が全員としても,3分とかからないでしょう。

2 ● インストラクション──「短め」が効果的

次に，予定したエクササイズのインストラクションをリーダーがすぐに行います。エクササイズ名とそのねらいを板書します。くどい説明はせずに，質問を受けてそれにこたえるほうが効率的です。または，デモンストレーションをしてから，短めの説明をします。

3 ● 試行錯誤の取組みを──成功にこだわらない

エクササイズは上手にできなくてもよいのです。間違ったり，お互いに教え合ったりして，試行錯誤しながら取り組むほうがよいのです。

4 ● 体験内容はシンプルに！

子どもたちがエクササイズを通して体験する内容は，複雑にしないことがコツです。具体的には，二部構成までで，それ以上にはしないことです。多くなると，教師の説明が多くなり，子どもたちは理解に集中するようになります。すると，それだけ体験が知的になり，体感（感情，ホンネ）を重視するSGEの本質とは離れてしまいます。

5 ● シェアリングは十分に

シェアリングに時間をかけることが最も重要でしょう。うまくいったとか，できなかった点を問わずに，それを通して「感じたこと，気づいたこと」を話し合うように仕向けます。

ここでの留意点は，脱線を見逃さないことです。子どもたちの話し合いや語り合いは，すぐに横道にそれる傾向があります。脱線は

単なるおしゃべりなので，軌道修正する必要があります。「感じたこと，気づいたこと」を終始，話の中心にすることです。

6●感情語を豊富に使って

リーダーは感情語の語彙を増やしましょう。シェアリングの中で表現された感情は板書して，ていねいに整理するとよいでしょう。

7●締めくくりはリチュアルで

授業の終わりはリチュアルで締めくくりましょう。

例えば，人差し指と人差し指を付け合いながら，「ウィーアイ（We and I.の略）」または「ウィーイ（We Encounterの略）」と言い合います。

シェアリング［わかちあい］

小グループでエクササイズに取り組んだ直後に，ショート・シェアリングを行います。

短時間のエクササイズの場合は，一連のエクササイズが終わった後で行います。所要時間の平均は3～5分です。

長めのエクササイズを実施したときは，十分なシェアリングの時間を設定します。

シェアリングの時間がとれないとき

しかし，学校の授業でSGEをするとき，何らかの理由でシェアリング時間がとれなくなってしまうことがよくあります。このようなときは，「いまのエクササイズをしてみて，『夢中だった，いまいい

> **シェアリングの4条件**
>
> 1. 脱線しない
> 2. 発言の機会が平等である
> 3. 感情表現がある
> 4. 引き出す場面がある(誘い水)

気持ちだ』という人は挙手してください。『楽しめなかった，いま気持ちがすっきりしていない』という人は挙手してください」などと，挙手を求めるだけでもシェアリングになります。

　リーダーは，後者に挙手した子どもに対してはしっかりとフォローします。担任がフォローしない場合には，子どもは保健室の先生に訴え，話を聴いてもらうケースも多いようです。

　シェアリングのねらいは，エクササイズを体験して，「感じたこと，気づいたこと（定型の言い方）」を，子ども同士で共有することです。これによって，子ども同士の感情・認知の共有がすすむとともに，認知（受け取り方，考え方）の修正・拡大が実現します。

　これらをひとことでいえば，感情を伴った気づきの宝庫がシェアリング場面といえるでしょう。

介入［割り込み指導・応急処置］

　介入とは，リーダー（教師）が行う「割り込み指導・応急処置」のことです。子どもたちがエクササイズやシェアリングをしているときに，グループに割り込んで応急的な指導をするのです。

介入が必要な場面

　次にあげるような状況や場面のときは，介入が必要となります。
- 子どもたちが脱線してしまって，リーダーのインストラクションどおりにエクササイズに取り組んでいないとき。
- ある一人の子どもが，そのグループを仕切っているとき。
- ある子どもが，非難めいた攻撃的な口調でものを言ったとき。

などです。

介入の仕方

　介入の仕方の例をあげます。
- 「いま，君たちがしていることは，脱線しているように思うけど，どうかなぁ」
- 「エクササイズをしていて，口を出し過ぎていたと思う人は挙手してください」（反対の場合：「あれこれ指図されて，したいようにできなかったと思う人」は挙手。）
- 「理屈っぽかったと思う人は感情表現を試みましょう。例えば，イライラしました，あせっていました，緊張してしまいました，とてもうれしくなりました，気持ちが楽になりました……」

介入行動のポイント

どんなときどう言うか［介入＝現実原則因子］

話が長すぎるとき,「結論から,短く」などと言う。

抽象的な内容のとき,「もっと具体的に」などと言う。

いきさつや事実などを説明しているとき,「感情を語って」などと言う。

相手を傷つける発言に対しては,間髪を入れずに介入する。

介入相手に対して援護的・支援的である。

介入の技法［介入＝介入スキル因子］

メンバーの状況や問題によって処置をする。

質問技法,明確化技法を使う。

質問技法例
「その場面をどのように感じましたか」
「その気持ちの強さは5段階でいうと,何段階ですか」

明確化技法例
「あなたの言いたいことは,とてもイヤだった(みじめだった)ということかなぁ」(感情の明確化)
「それだけあなたは意欲的だったということでしょう」
「○○君の態度は,とてもチャレンジ精神でいっぱいだったということかなあ」

堂々と主張する。

凛とした姿勢で行う。

介入相手や他のメンバーの気づきを促すようにする。

公共性の高い問題を抱えたメンバーに対しては,簡便法によるカウンセリングを行う。

体験的な気づきを促すためのロールプレイをする。

拒否感情を引き起こす介入［介入＝了解因子　反転項目］

指導者ぶった言い方をする。

攻撃的に介入していく。

介入相手に対して有無を言わせないようにする。

傷つく子どもが出そうな場面では,注意深く介入を

　例えば，A君がB君から不快なことを言われた，といった場面などでは，注意深く介入する必要があります。

　「A君さぁ，いまB君からこのように言われて（不愉快なこと，文句を言われて），どんな気持ちかな。気持ちを言ってみて」などと，リーダーは補助自我（A君の介添え役・代弁者・弁護役）になります。このような場面を見逃してしまうと，A君の心の痛みがひどくなります。またB君のような他者の心の痛みが理解できない子どもを放置することになります。これはどちらも不幸な事態を招きます。

　リーダーが補助自我になるだけでなく，メンバーの中に補助自我になる子どもが現れてきたら，その学級が成長している証しです。前章「グループ成長」の精読をおすすめします。

　さて，リーダーの介入行動をみるときの観点（吉田隆江・SGE研究グループ・JECA）は，前ページのようになります。

介入は「受ける相手の了解」が大切

　成人向けのSGEでは,次のことをメンバーに求めます。この2点は,対話のポイントになります。

1●話したいこと,結論からさきに言う

　これを逆三角形方式といいます。

2●「いま,ここで」感じていることを語る

　SGEでは，感情表現重視の姿勢をとっています。感情に巻き込まれる（emotional）のではなく，感情表現（emotive）を大事にしています。

　リーダーの介入を効果的かつ効率的にするには，その介入がメン

バーの中に染み込んでいくことが大切です。そのためには，介入を受けるほうが了解していることです。つまりレディネス（準備）がないと，リーダーの介入がむだになるか，あるいは否定的な感情をメンバーに与えることになります。

　ゆえに，リーダーは指導者ぶった言い方をしません。攻撃的な介入も，相手に有無を言わせないといった強硬な態度もとりません。

ルールの設定

　子どもたちは自我が未成熟なので，言動に抑制がききません。思いがけない級友の言動で，気持ちが不愉快になったり落ち込んだりしてしまうことがあります。自尊心を傷つけられたりすることもあります。このような状況や場面を予防するためにルールをあらかじめ設定します。例えば，ルールには下記のようなものがあります。

ルールの例

友達を非難するような発言をしない。
友達のプライドを傷つけるような言動はしない。
お互いに発言を無理強いしない。
この場で聞いたことや見たことを，ほかのところに行って「○○さんは……と言っていた」などとおしゃべりしない。
（「口の軽い人は嫌われますよ」）
友達の発言を聞いて,その人を批判したり中傷したりしない。
友達の話を聞いて「おまえって,そんな人だったのか」と,決めつけない。

SGEの展開の仕方

リーダーの影響力

いままでみてきた5つは，リーダーシップに関する内容です。

SGEでは，リーダーの立ち居振る舞いが子どもたちに影響力をもつことはいうまでもありません。

そこで，SGEリーダーの影響力（片野智治・SGE研究グループ・JECA）をみる場合の視点をあげます。

SGEリーダーの影響力をみるポイント

態度・能力に関して［影響力＝態度・能力因子］

メンバーに対して好意の念をもっている。

メンバーに対して誠実である。

時間管理やルールなど，現実原則を遂行できる。

カウンセリングの理論や技法に精通している。

介入を適切に行うことができる。

インストラクションがうまい。

自分自身の内面を知る力をもっている。

自己開示がうまい。

メンバーに対する理解力に関して［影響力＝メンバー理解力］

あり方，生き方について自己開示的なコメントをする。

メンバー同士のリレーションの度合いを把握している。

メンバーの内面を知る力をもっている。

さて，SGE研究グループ・JECAのリサーチをもとに述べてきました。

本研究グループはJECAの中にあります。國分康孝・國分久子先生がスーパーバイザーです。筆者片野智治が代表，吉田隆江（武南高等学校指導主事）が事務局を務めています。本グループは年間7回程度の研究会を開いています（うち1回は合宿です）。

*1
「アウチ」→「アウチでよろしく!」
人さし指を1本出し,向かい合い,お互いの指と指の先を触れ合い,
同時に目を見つめ合い,「アウチ！」とあいさつする。
[出典]
1●國分康孝監修『エンカウンターで学級が変わる ショートエクササイズ集』106-107p,川端久詩,1999
2●國分康孝・國分久子総編集『構成的グループエンカウンター事典』348-349p,川端久詩，2004

*2
「バースデーライン」→「誕生日チェーン」
声に出さずに1月1日から12月31日まで誕生日順に並ぶ。
[出典]
1●國分康孝監修『エンカウンターで学級が変わる ショートエクササイズ集』110-111p,河内由佳,1999
2●國分康孝・國分久子総編集『構成的グループエンカウンター事典』406-407p,高橋光代,2004

第7章 入門日帰りワークショップ・プログラム

大人向けSGE

　毎年夏に実施されている「入門日帰りワークショップ」のプログラムをご紹介します。毎年300人程度が全国から集まります。
　午前中は國分両先生のレクチャーがあり，午後は30〜40人程度の集団を8つ編成して，SGE公認リーダーがリレーション形成に主眼を置いて，大人向けのエクササイズを展開します。
　2泊3日の合宿への参加がむずかしい方でも，SGEの実践にあたっては，入門日帰りワークショップへの参加をおすすめします。

リチュアル●●●出会いの握手

　リチュアルとは，儀式という意味です。共通の行動様式をもつことによって，集団の凝集性が高まります。
　私たちのリチュアルは握手です。まず出会いの握手をすることによって，互いに好意の念が伝わって，場の雰囲気が和らぐのはいうまでもありません。別れの握手も同じ原理です。

オリエンテーション●●●作業同盟

　リーダーが，SGEの**1●目的**，**2●方法**，**3●留意点**，**4●ルール**を伝え，参加者との間で作業同盟を結びます。これが，オリエンテーションです。

　　　　1●目的●SGEの目的は，ふれあいと自他発見です。
　　　　2●方法●リーダーの提示するエクササイズに取り組みます。
　　　　3●留意点●教材研究をしないで，体験にひたることです。
　　　　　　アイメッセージを心がけてください。
　　　　4●ルール●秘密保持。
　　　　　　ペアリングはなしです（いつも同じ人といないという意味）。
　　　　　　非難や中傷のような発言は避けます。
　　　　　　エクササイズしているときには，メモをとらないでください。

代表的なエクササイズ12

エクササイズ●1
ペンネーム
自分で自分に名前（ペンネーム）をつける。

　私たちがこの世に生を受けたとき，自分の意志ではいかんともしがたかったことが二つありました。
　一つは，この世に生を受けること自体。もう一つは名前です。
　私たちの名前は親がつけてくれたものです。親の期待が名前にはこめられています。
　このエクササイズのねらいは，そうした親の期待にそうのではな

く，人生の主人公は自分であることを自覚することです。どのような人生であっても，この人生に責任をもつのは自分であるという思いを強くしたいのです。

ペンネームはニックネームとは異なります。ニックネームは他人がつけたものです。ペンネームは自分が自分につけるものです。

B5判大のカードに自分のペンネームを書き，首にさげます。

エクササイズ●2
自由歩行・握手
自分で自分を自由にする。"Courage to be."を地でいく。

一人旅をするような感じで，歩行者天国を歩くような感じです。

無言で，自分の歩きたいようにこの空間を歩きます。時間を1分とります。「不自然だ」「緊張する」「照れくさい」といった感情が起きてきた人は，それらの感情にひたりながら歩きます。

その後出会った人とペンネームで自己紹介，または呼び合って握手します。出会いからふれあいへの期待をもって握手します。

エクササイズ●3
聞き合う
好意の念を質問にのせる。

2人1組になって，相互にインタビューしあいます。

相手に「好意の念」を伝えます。相手を知りたいという気持ちで（親しくなりたいという気持ちで）質問します。

リーダーは，以下のようなインストラクションを行います。

「答えるほうは，聞かれたことだけに誠実に答えます。ただし，答えたくない，答えられないときは『パスしたい』と伝えます。一

人のもち時間は1分半です。では，これからデモンストレーションをします……」

そして，インタビューをするほう，されるほうを決めてから始めますが，この際に，ジャンケンで決めず，お互いの意思で決めるようにします。

エクササイズ●4
願望を語る
他者の自己開示を聞きながら,自他発見する。

2人1組で,「これからさきの人生でしてみたいこと（夢・願望）」を語り合います。

できるかできないか，実現するか否かを考えず，自由に語ります。自己の内側を語ることで（自分を開くことで），他者とのリレーションをつくっていきます。

また，深く考えて言うのではなく，思い浮かんできたことを取捨選択せずに語ります。一つのことを詳しく語らないようにします。リーダーはデモンストレーションをします。

エクササイズ●5
印象を語る
印象を通した自他発見。

お互いの印象を率直に伝え合います。自分は他者の目にどのように映っているか，見えているかを教えてもらいます。

自分が他者にどう見えているかを知ると，安心します。率直に伝えることが「エンカウンター」です。

エクササイズ●6
他者紹介
好意の念に支えられた関係づくりを広げ、自他発見につなげる。

　2人1組のペア同士で4人1組をつくり，新しい2人にそれぞれパートナーを紹介しあいます。

　パートナーについて知りえたことをもとに，気持ちをこめて紹介します。どれだけ傾聴できていたかを確認することになります。ふれあいには傾聴能力は欠かせません。

エクササイズ●7
二者択一
欲求・価値観を通した自他発見。

　対の言葉（例：社長か副社長か，男か女か）から二者択一します。人生は選択の連続です。選択しながら生きています。選択した理由を述べながら，自他の欲求・価値観を理解します。

　人生において，意識的な選択をしていくことが大切です。好き嫌いで選ぶのではありません。"Being is choosing."

エクササイズ●8
これまでの人生で影響を受けた出来事または人物
互いの人生に学びながら自他発見。

　いまの自分が生きているのは，過去の出来事や出会った人の影響を受けているものです。感情・思考・行動のいずれかで，どのように影響を受けたのかを語ります。

　自己の内面を開くことによって，相互の人生に学ぶことです。「人

の話を一笑にふすな」を心がけ，拝聴するような感じで，耳を傾けます。それが，よりふれあいを促進します。

エクササイズ●9
肩たたき・肩もみ
「甘える」「甘えられる」を体感。

　パートナーの肩や首などを叩き，マッサージしあいます。
　私たちの人生の最初の感情交流は，母に抱かれて授乳されたというスキンシップを通してでした。ゆえに，スキンシップはお互いの感情交流をいっそう促進します。
　健全な人は，相互に甘えたり甘えられたりできる人です。その感覚を体感します。ただし，身体接触を伴うので，行いたくない人は「パスしたい」と言います。

エクササイズ●10
トラスト・ウォーク
自分を人に任せきるという体験。

　2人1組で取り組みます。
　1人が目を閉じた相棒を，精いっぱいの親しみの感情を丸出しにして誘導します。どの程度人に自分を任せられるかを体験します。どの程度他者にトラスト（信頼）できるかを体験的に知るのです。
　人によっては，目を閉じられない人もいます。これは，外界に対する不安・不信の表現です。トラストには，父的愛にトラストする場合と母的愛にトラストする場合があります。
　受け止める側は，父的愛で受け止めねばならない場合と，母的愛で応じなければならない場合とを識別して行動することが必要なの

です。このトラスト・ウォークは母的愛（いたわり・やさしさ）がポイントになります。身体接触を伴いますので，したくない人は「パスしたい」と相方に伝えます。

エクササイズ●11
私は私が好きです。なぜならば～だからです。
自己肯定感(自尊感情)を高める。

　円になって，一人一人が順番に，「私は私が好きです。なぜならば～だからです」と自画自賛します。

　かけがえのない一人の人としての自尊感情は，生きる気力の源泉です。私たちの文化は，自分をOKとするより，他者を優先してきました。その影響を受け，自分を低くみる傾向にあります。「私は私が好きです」と言い切ることによって，自己受容していきます。ここが醍醐味です。

　この定型の文章（言い方）を守ります。目線を上げて，大きな声でしっかり表現します。

エクササイズ●12
別れの花束
お互いの意味と深みのある人生の1コマを刻む。

　共に過ごした時間の中で，感じた思い・気持ちを，カードに書いて貼ります。言葉の花束を贈るのです。

　他者からのあたたかい言葉のフィードバックは，他者とのつながりを体感できるものです。この他者とのつながりこそ，人が「世界内存在」であるという意味です。

　また，言語化されたカードをもらうことによって，何度でも見返

すことができるよさがあります。人生の甘露です。別れの花束の場合にはシェアリングはしません。メッセージの余韻を残すためです。

付記
シェアリング［感じたこと気づいたことを自由に語り合う］
感情と思考を共有し，認知の修正・拡大。

　エクササイズを体験して「感じたこと，気づいたこと」を共有します。

　自分の感じ方が他者との間でどうだったのか確認したり，自分の感じ方，見方を広げたりします。体験を通して，ここで感じたこと，気づいたことを率直に語ることが「エンカウンター」することです。しかし，強制的に語らせるものではありません。自らを開示するのはあなた自身であり，あなたにとって開示する意味があるから開示するのです。

　エクササイズの終了後に，小グループでするものと，そこで出たことを全体に投げかけ，小グループ間でシェアリングするものとがあります。

　また宿泊のジェネリックのSGEでは，「全体シェアリング」といって，シェアリングだけのセッションも含まれています。

引用・参考文献

岡田敬司『かかわりの教育学』ミネルヴァ書房(1995)
サリヴァン,H.S.中井久夫・山口隆訳『現代精神医学の概念』みすず書房(1976)
國分康孝『心とこころのふれあうとき』黎明書房(1979)
國分康孝『エンカウンター』誠信書房(1981)
國分康孝『教師の自信』歴々社(1981)
國分康孝『カウンセリング・マインド』誠信書房(1981)
國分康孝『教師の表情』歴々社(1982)
國分康孝『教師の教師』歴々社(1983)
國分康孝『教師のカルテ』歴々社(1985)
國分康孝・片野智治『構成的グループ・エンカウンターの原理と進め方:リーダーのためのガイド』誠信書房(2001)
國分康孝・吉田隆江・加勇田修士・大関健道・朝日朋子・國分久子編
『エンカウンタースキルアップ:ホンネで語るリーダーブック』図書文化(2001)
片野智治『構成的グループ・エンカウンター』駿河台出版(2003)
國分康孝・國分久子監修・片野智治編集代表『構成的グループエンカウンター事典』図書文化(2004)
片野智治『構成的グループエンカウンター研究:SGEが個人の成長におよぼす影響』図書文化(2007)
國分康孝監修『カウンセリング心理学事典』誠信書房(2008)
梶田叡一『自己を生きるという意識:〈我の世界〉と実存的自己意識』金子書房(2008)

片野智治
Katano Chiharu

1943年生まれ。
私立武南高等学校に勤務しながら、1991年筑波大学大学院教育研究科(カウンセリング専攻)修了。
その後、東京成徳大学大学院博士課程修了。
博士(心理学)。東京理科大学、埼玉県立大学の兼任講師を経て、現在は跡見学園女子大学教授。
NPO日本教育カウンセラー協会副会長、日本教育カウンセリング学会事務局長。
著書に『構成的グループエンカウンター研究』図書文化、
『構成的グループ・エンカウンター』駿河台出版、
『構成的グループ・エンカウンターの原理と進め方』(共著)誠信書房、
『構成的グループ・エンカウンターと教育分析』(共著)誠信書房、ほか多数。

教師のためのエンカウンター入門
2009年9月 1 日 初版第1刷発行 [検印省略]
2015年9月20日 初版第3刷発行

著者●
片野智治©

発行者●
福富　泉

発行所●
株式会社図書文化社
〒112-0012 東京都文京区大塚1-4-15
Tel.03-3943-2511 Fax.03-3943-2519 振替●00160-7-67697
http://www.toshobunka.co.jp/

印刷所●
株式会社加藤文明社印刷所

製本所●
株式会社加藤文明社印刷所

装幀●日下充典
イラストレーション●小峯聡子
本文デザイン●KUSAKAHOUSE

JCOPY <(社)出版者著作権管理機構 委託出版物> 本書の無断複写は著作権法上での例外を除き禁じられています。複写される場合は、そのつど事前に、(社)出版者著作権管理機構(電話03-3513-6969、FAX03-3513-6979、e-mail: info@jcopy.or.jp)の許諾を得てください。

ISBN978-4-8100-9541-8　C3037
乱丁・落丁本の場合はお取り替えいたします。
定価はカバーに表示してあります。

構成的グループエンカウンターの本

必読の基本図書

構成的グループエンカウンター事典
学校を中心に30年に及ぶ実践の全ノウハウを集大成
國分康孝・國分久子総編集●A5判●本体：6,000円＋税

自分と向き合う!究極のエンカウンター
國分康孝康孝リーダーによる2泊3日の合宿体験
國分康孝・國分久子編著●B6判●本体：1,800円十税

エンカウンターとは何か
教師が学校で生かすために
國分康孝ほか共著B6判本体：1,600円十税

エンカウンタースキルアップ
ホンネで語る「リーダーブック」
國分康孝ほか編●B6判●本体：1,800円十税

目的に応じたエンカウンターの活用

どんな学級にも使えるエンカウンター20選 ●中学校
國分康孝・國分久子監修●明里康弘著●B5判●本体2,000円＋税

エンカウンターで不登校対応が変わる
國分康孝・國分久子監修●片野智治編集代表●B5判●本体：2,400円十税

エンカウンターで学級づくりスタートダッシュ ●小学校編・中学校編
諸富祥彦ほか編著●B5判●本体：各2,300円十税

エンカウンターこんなときこうする! ●小学校編・中学校編
諸富祥彦ほか編著●B5判●本体：各2,000円十税●ヒントいっぱいの実践記録集

多彩なエクササイズ集

エンカウンターで学級が変わる ●小学校編 Part1〜3
國分康孝監修●全3冊●B5判●本体：各2,500円十税●ただしPart1のみ本体：2,233円十税

エンカウンターで学級が変わる ●中学校編 Part1〜3
國分康孝監修●全3冊●B5判●本体：各2,500円十税●ただしPart1のみ本体：2,233円十税

エンカウンターで学級が変わる ●高等学校編
國分康孝監修●B5判●本体：2,800円十税

エンカウンターで学級が変わるショートエクササイズ集 ●Part1〜2
國分康孝監修●B5判●[Part1]本体：2,500円十税●[Part2]本体：2,300円十税

＊定価には別途消費税がかかります

図書文化